Dans notre Territoire Traditionnel

Par Monica Weaver

Illustrations par
Maedeh Mosaverzadeh

WaveMaker
Press Ltd

BONG, BONG, BONG!

Nous voyageons sur une route de gravier à travers les bois, en regardant au loin les montagnes enneigées. Je me demande, *est-ce notre Territoire Traditionnel?*

Je lance: « On est bientôt arrivés? »

« Bientôt, très bientôt », répond Maman.

Pourquoi c'est si loin?

« Je peux voir le lac! » je crie de joie.

« Ça veut dire qu'il ne reste que quelques minutes », ajoute mon frère.

Nous traversons lentement le vieux pont, les yeux fixés sur la rivière qui file en dessous de nous. Je m'exclame : « Il y a un saumon! »

« On est arrivés, on est enfin arrivés! » dis-je avec impatience. Ma sœur applaudit de ses petites mains de bébé, tandis que mon frère et moi crions ensemble à pleins poumons.

Nous arrivons au village, dans la petite communauté où vivent les autres membres de ma famille, dans notre Territoire Traditionnel.

Je demande : « C'est qui tout ce monde-là? »

« Ils font partie de notre famille, et ce sont d'autres membres du Clan », répond Maman.

Hmm, je pense en souriant. On doit partager ce Territoire Traditionnel.

Après s’être installés chez un oncle, Grand-Mère annonce : « Nous devons nous lever très tôt pour faire le tour des filets, alors tu ferais mieux d’aller te coucher maintenant, Monica. » Je m’endors rapidement, bercée par le crépitement du feu de cheminée.

« Réveille-toi, ma petite », dit Grand-Mère. Je bâille, ouvre doucement les yeux et vois mon frère à la porte d'entrée, déjà habillé, avec ses bottes et son manteau, impatient de se rendre au bateau. J'attrape un morceau de bannique et je file vers le quai pour rejoindre ma famille.

« Brrr! C’est humide et froid ce matin », je marmonne, mes yeux mi-clos, encore ensommeillés. Je prends le sentier qui mène vers le bateau.

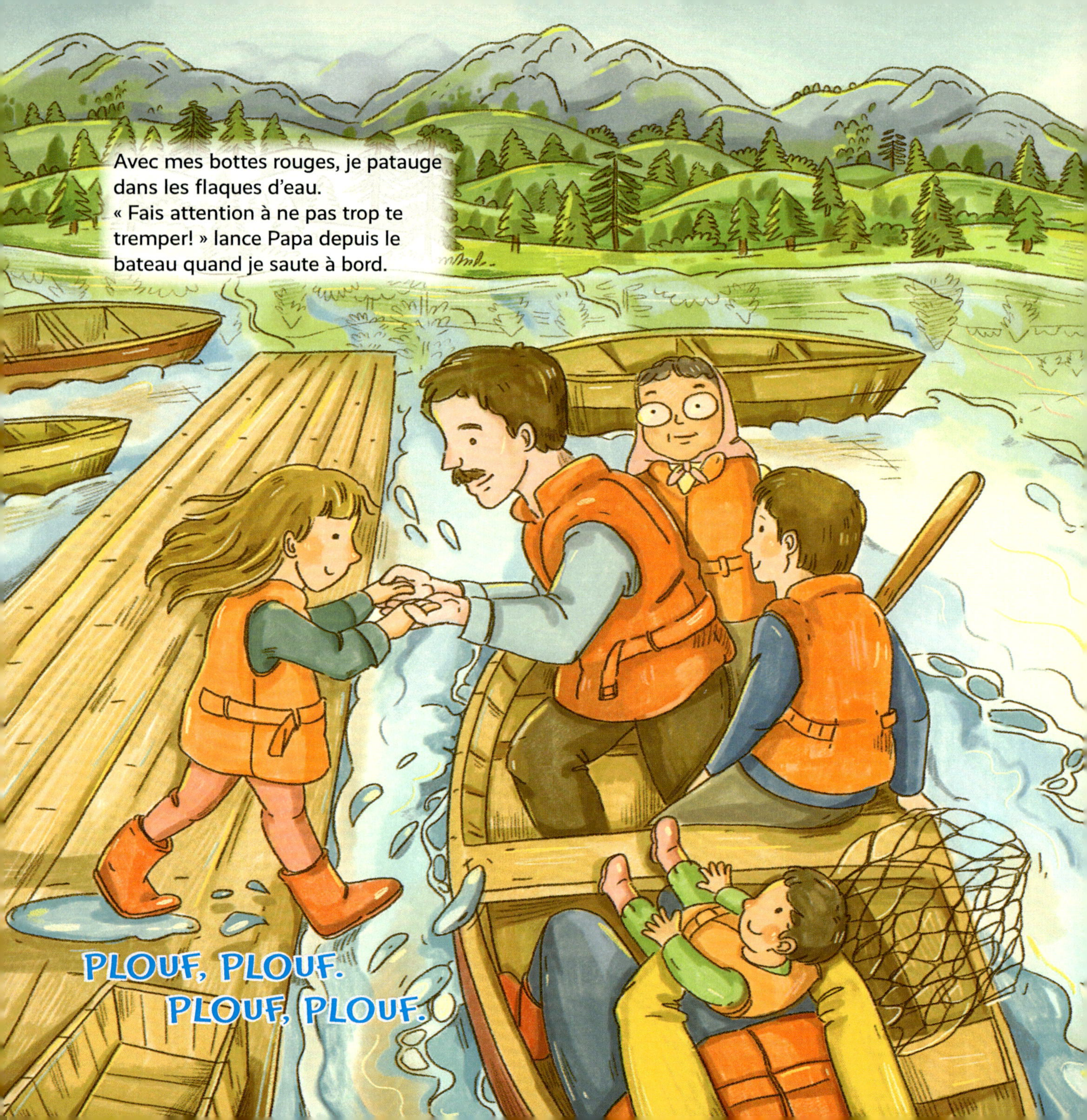

Avec mes bottes rouges, je patauge dans les flaques d'eau.
« Fais attention à ne pas trop te tremper! » lance Papa depuis le bateau quand je saute à bord.

Je sens l'odeur de saule doux et de poisson pendant que nous descendons la rivière. Je remarque un autre bateau derrière nous. « Ce sont les membres de notre famille qui viennent aider », dit Maman.

Grand-Mère pointe du doigt un castor sur la rive. « Il ramasse du bois pour sa maison », explique-t-elle. Tout à coup, il fait claquer sa queue. CLAC! « Et maintenant, il avertit les autres animaux que nous sommes là. »

De ce que je peux voir, il y a beaucoup d'animaux sauvages ici dans notre Territoire Traditionnel.

Regardant en avant, je vois que la rivière s'élargit, devenant un petit lac. « Là, c'est notre fumoir familial », indique ma Grande-Tante depuis l'autre bateau.

Nous nous dirigeons jusqu'à un poteau qui dépasse des eaux plus calmes.
Je demande : « Où sont les saumons? »
« Chut, observe Grand-Mère », me chuchote mon frère.
« Tirez, tirez, tirez », dit Grand-Mère, en ramenant le filet à bord. PLAF!
Plusieurs saumons tombent dans le bateau. C'est sûrement comme cela qu'on pêche dans notre Territoire Traditionnel.

Je commence à compter à voix haute sur mes doigts, « Un, deux, trois, quatre, cinq, six, sept, huit, neuf, dix », mais je perds le compte. Maman compte 62 saumons en tout.

Nous accostons au fumoir familial, où nous déchargeons rapidement les saumons. Je rejoins mes cousins, et nous courons le long de la rivière tout en discutant de quelle cuillère on devrait utiliser quand on aidera à nettoyer le saumon.

J’observe attentivement Grand-Mère nettoyer et découper le saumon, puis jeter les entrailles dans la rivière. PLOUF! « On rend ces entrailles à la rivière pour nourrir les autres poissons et les animaux », explique Grand-Mère.

Un jour, je serai aussi rapide que Grand-Mère. Cela fait plusieurs années qu'elle prépare le poisson ici, dans notre Territoire Traditionnel.

« MMMMM... » je dis, en grignotant un morceau de poisson séché, les orteils bien au chaud près du feu à l'intérieur du fumoir. J'observe Grand-Mère qui accroche les saumons, tout en fredonnant. Elle s'arrête de temps en temps pour nous expliquer ce qu'elle fait.

C’est le temps de quitter la rive où se trouve notre fumoir familial. Nous chargeons les saumons que l’on ramène à la maison, mais nous laissons le restant à fumer pour les autres membres de la famille qui vivent au village. Le soleil brille pendant que nous remontons le long de la rivière jusqu’au bord du village.

« Tu vois des poissons? » demande Papa. Le soleil rayonne sur les roches au fond de la rivière, faisant ressortir leurs jolies couleurs : violet, rose, vert et bleu. J'aperçois des lueurs d'écailles brillantes qui filent dans l'eau.
« J'EN VOIS UN, J'EN VOIS UN, J'EN VOIS D'AUTRES, J'EN VOIS ENCORE! » je crie, excitée.

Nous sommes de retour au village. Papa fait glisser le bateau sur la rive.
« Aide-nous à monter les provisions », dit Maman. Tout le monde aide à transporter les lourdes glacières pleines de poisson jusqu'à la maison de mon grand oncle. Nous recouvrons vite les saumons frais avec de la glace pour qu'ils ne s'abîment pas.

L’odeur de saumon mi-fumé et de riz rempli l’air alors que nous rejoignons la famille pour le repas. Je souris jusque dans mon cœur et je le sens grandir, se remplir de reconnaissance. Les adultes rient ensemble pendant que je mange tranquillement à côté de mon frère.

Après le repas, je contemple le lac, qui me semble s'étendre à l'infini, scintillant au coucher du soleil. Nous avons une glacière pleine de saumons à mettre au congélateur et à partager avec ceux qui n'ont pas pu venir. Nous avons aussi le ventre bien plein et de beaux souvenirs à garder précieusement.

« Monica, on y va! » crie Maman depuis le camion. Il est temps de faire la longue route vers la maison. Je pousse un grand soupir en pensant à combien toutes les belles couleurs et senteurs d'ici vont me manquer.

De retour dans notre pickup, je m’endors avec les bruits et les vibrations de la route de gravier. Je rêve de comment j’aurai grandi d’ici l’année prochaine, quand je serai assez forte pour accrocher les lourds saumons, comme Grand-Mère. Je reviendrai quand les saumons eux aussi remonteront au lac dans notre Territoire Traditionnel.

À Propos de l'Autrice

Monica Weaver vient de la Nation Lake Babine et a grandi dans une petite ville. Elle aimait partir dans de nombreuses aventures en plein air. Le voyage au lac Babine reste l'un de ses préférés.
Monica a découvert sa passion pour l'écriture lorsqu'elle travaillait comme intervenante en éducation autochtone au niveau élémentaire. La tradition occupe une place importante dans son cœur, et elle a écrit cette histoire pour évoquer ses souvenirs des traditions partagées avec sa grand-mère.
Monica habite sur le territoire traditionnel de la Première Nation Saik'uz.

À Propos de l'Illustratrice

Maedeh Mosaverzadeh est une conteuse visuelle primée, basée à Calgary, au Canada. À travers ses illustrations et ses animations, elle dévoile des histoires complexes sur la vie, les gens et la nature.
Maedeh est passionnée par la sensibilisation aux enjeux environnementaux, comme la pollution plastique, à travers sa pratique artistique.

Dans notre Territoire Traditionnel ISBN: 978-1-7387367-2-0
Cette édition française publiée en 2025 par WaveMaker Press, Ltd.

WaveMakerPress.com
WaveMaker Press reconnait travailler depuis le territoire traditionnel de la Première nation Snuneymuxw.

Catalogage avant publication de Bibliothèque et Archives Canada

Titre: Dans notre territoire traditionnel / par Monica Weaver ; illustrations par Maedeh Mosaverzadeh.
Autres titres: In our traditional territory. Français
Noms: Weaver, Monica (Monica J.), auteur. | Mosaverzadeh, Maedeh, illustratrice.
Description: Traduction de : In our traditional territory.
Identifiants: Canadiana 20250243903 | ISBN 9781738736720 (couverture souple)
Vedettes-matière: RVM: Weaver, Monica (Monica J.)—Enfance et jeunesse—Romans, nouvelles, etc. pour la jeunesse. | RVM: Premières Nations—Pêche—Anecdotes—Romans, nouvelles, etc. pour la jeunesse. | RVM: Premières Nations—Mœurs et coutumes—Romans, nouvelles, etc. pour la jeunesse.
Classification: LCC PS8645.E2177 I514 2025 | CDD jC813/.6—dc23

La production de cette publication a été rendue possible grâce à l'aide financière de la Nuu-Chah-Nulth Economic Development Corporation, le British Columbia Arts Council et le Conseil des arts du Canada.

NEDC

British Columbia Arts Council

British Columbia

Canada Council for the Arts
Conseil des arts du Canada

Fièrement imprimé au Canada sur du papier certifié FSC.